Prima di nascere
è stupore e meraviglia...
e una preoccupazione.
Quando nasce è incredibile:
la perfezione.

Apre gli occhi, vi guarda
e voi capite subito
che è già un'altra persona...
e vi coglie un brivido di meraviglia.

Bimbi e genitori si insegnano
a vicenda come amarsi.

I bambini sono felici
che voi siate felici.
E voi siete felici che loro lo siano.
E questa è una delle sensazioni
più gratificanti che gli esseri umani
possano provare.

Il giorno in cui

diventi genitore...

Hai immediatamente
più forza e dignità.
Più amore. Più dolcezza.
Un bimbo appena nato
e così piccolo è al sicuro
tra le braccia di un genitore.

Sei così piccino e così
meravigliosamente perfetto!
Crescerai e vedrai il mondo,
imparerai e cambierai...
Ma io riconoscerò sempre
il bambino a cui oggi
tengo strette le manine.
E sempre amerò la persona
che sei e che diventerai.

È l'ora delle

coccole

L'ora di cantare.
L'ora di parlare. Le tre di mattina?
Che importanza può avere
che ora sia?

Un bimbo impara molto

presto l'arte di farsi amare.

Guardando un bambino
che dorme
si dimentica tutto.

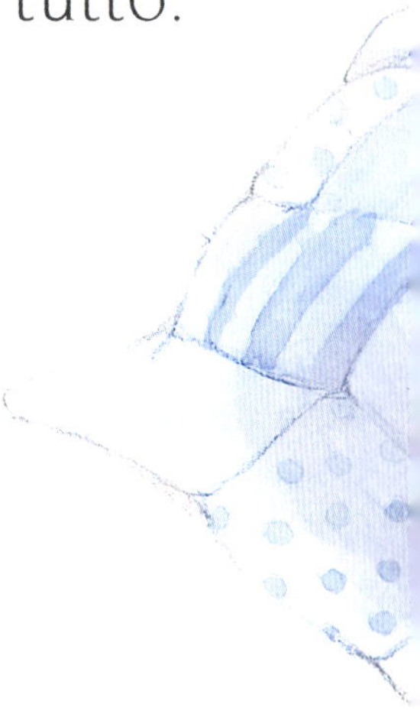

Vederlo crescere

Un bambino è un mistero.
I suoi genitori lo vedono crescere
con orgoglio, con gioia
e qualche perplessità.
Continua a stupirci!
Ti auguriamo coraggio,
speranza e curiosità.
E amore.

È stata una giornata orribile.
Pioggia. Bollette. Influenza.
Ma il bimbo sorride…
ed è tutto dimenticato.

Lo abbiamo aspettato così tanto
e ora è qui. Più bello di quanto
potessimo mai sognare.
Più meraviglioso.
Più prezioso.

È vostro

Questo bambino è assolutamente
nuovo: per la sua famiglia,
per il mondo, per l'universo.
Niente di esattamente uguale a lui
è mai esistito prima.
È un nuovo inizio... una meraviglia.
Ed è vostro.

Un dono inestimabile

Scoprirvi accettati da un bambino
e vedere che vi sorride
è un dono inestimabile.

Attraverso gli occhi di un bambino
riscopriamo le bellezze
e i misteri del mondo.

Fintanto che sarà piccolo e indifeso,
questo bimbo avrà bisogno
di ogni grammo della vostra
attenzione e protezione.
Con il passare del tempo,
gli serviranno la vostra guida
e i vostri consigli.
E un giorno, prima che siate preparati,
avrà bisogno che lo lasciate andare.
Ma del vostro amore, avrà bisogno
per sempre!

Sottili come ragnatele
e forti come l'acciaio,
i legami che tengono uniti i figli
a coloro che li amano,
e che essi amano a loro volta,
non potranno mai spezzarsi!

Fino alla fine